KT-441-079

THE BROONS

Price
£5.15p

KEN·H·HARRISON.

D.C.THOMSON & CO, LTD., GLASGOW:LONDON:DUNDEE

Printed and published by D.C.Thomson & Co, Ltd.,185 Fleet Street, London EC4A 2HS
© D.C.Thomson & Co, Ltd., 1999
ISBN 0-85116-711-X

The family's in nae condition —

— tae resist this fine tradition!

here's no' much laughter —

— the mornin' after.

Paw tries tae demonstrate —

— the best way to shift some weight

KEN. H. HARRIS

's nae use lookin' —
— for Maw's home cookin'!

A FILM CREW WANT TAE ME IN A DOCUMENTARY NOT TRADITIONAL HOME COOKIN'!

I'M NO' SURPRISED, MAW. YER COOKIN'S THE TOAST O' THE TOON!

THE DAY OF THE FILMING ARRIVES . . .

HMM, NOW WHICH RECIPE WILL I DAE? MY FLAKY STEAK PIE? MY LENTIL BAKE?

NAH, NAH, NO' THAT STEAK PIE! THERE WAS MAIR GRISTLE THAN MEAT IN IT LAST TIME! JUST LIKE CHEWIN' RUBBER!

AND NO' THAT LENTIL BAKE! IT CAME BACK ON ME SOMETHIN' AWFUL!

WHIT ABOUT MAW'S GAME SOUP, THEN? THAT WAS BRILLIANT LAST WEEK!

THAT WASNA' SOUP! IT WAS A CASSEROLE THAT WENT WRANG!

N SKIRLIE AS GUID!

AT STUFF MADE WI' MEAL? AWA'! THAT'S FOR HORSES!

NIBURGERS!

MAW! WHERE ARE YE GOING?

SEEIN' AS YE'RE A' SUCH EXPERTS, YOU CAN GET IT ORGANISED. I'M AWA' TAE JEAN MONRO'S FOR A BLETHER!

BUT, MAW, ER, WE WERE ONLY HAEIN' YE ON . . . A WEE JOKE, AHEM . . .

WELL, THE BALL'S ON THE SLATES NOO! THE TV FOLK ARE HERE!

AND MAW'S DONE A RUNNER! WHIT'LL WE DAE?

PANIC, THAT'S WHIT! OH, THE SHAME O' IT!

NOW, DINNA' FRET! WE'LL KNUCKLE DOON AND DAE ONE O' MAW'S RECIPES OORSELVES. IT'LL BE A DODDLE.

ER . . . IF THERE'S ANY EGGS TAE BE BOILED, I'M A DAB HAND . . .

SO . . .

AM I IN SHOT?

HELLO, BOYS!

MOVE OWER, HORACE, OR THEY'LL NO' SEE MY FACE!

THEY'LL LIKELY HAE TAE CENSOR IT ANYWAY!

THIS IS WORSE THAN WORKING WITH KEITH FLOYD!

ER . . . VIOLA! OOR TRADITIONAL RECIPE, PIE, BEANS AND CHIPS!

BROON SAUCE

KEN H. HARRISON.

Paw's findin' the rain —

— a bit o' a pain.

HMPH! A WET SUNDAY AFTERNOON IN GLEBE STREET, AN' EVERYONE'S KICKIN' THEIR HEELS!

OCH! WHIT A CLUTTER! I WISH WE COULD A' GET OOT!

NEVER MIND, SON. A' THAT RAIN WILL DAE THE PLANTS A POWER O' GUID.

THIS IS BONNIE SCOTLAND, NO THE BRAZILIAN RAINFOREST! THERE'S NAE PLANTS AT THIS TIME O' YEAR!

DINNA YOU BE CHEEKY TAE GRANPA — THERE ARE PLANTS OOTSIDE, AN' THEY'RE DAEIN' BRAW!

WHIT ARE YE HAVERIN' ABOOT, BAIRN?

SEE? THERE'S A PLANT OOT IN THE RAIN, AND IT'S EVEN CROSSIN' THE ROAD!

GIE ME STRENGTH!

HEAVY PLANT CROSSING

MIND YOU, THERE ARE OTHER PLANTS WE COULD BE SEEIN' THE .

AHEM! OH, ER, GUID IDEA!

HUH?

RICHT, LASSIES, WE'RE AFF TAE CHECK ON THE LOVELY GREENERY.

WHIT GREENERY?

HMM . . . THAE LADS ARE UP TAE SOMETHING!

YE'RE SPOT ON, MAGGIE!

I THINK A PLANT'S ON HERE!

YOUR FAVOURITE KIND, HEN!

HO-HO! THIS IS AS CLOSE TAE A PLANT-POT I WANT TO GET THIS AFTERNOON!

WINE FRENCH £

NO SMOKING AREA

AYE! AN' THE GREENERY'S LOOKING NICE AN' FLAT, TAE!

KEN H. HARR

The family dinnae find it funny —

— when Paw's reluctant tae part wi' money.

KEN. H. HARRISON.

Wouldn't ye know it?

The Broons ken this poet

ipstick an' make-up traces —

— leave some o' the menfowk wi' red faces.

Paw's no' makin' any friends —

— by refusin' tae keep up wi' the latest trends

Hen and Joe find it tryin' —

— findin' a Broon wha isnae cryin'

The Bairn's in for a shock.

Granpaw's intae punk rock.

Which o' the Broons is the best —
— in this face-pullin' contest?

They're dancin', jiggin' to the beat —

— but Paw's no' tappin' HIS wee feet

CRIVVENS! WHIT'S THAT RACKET?

IT'S BOOGALUSA — THEY'RE A BRAW CAJUN BAND, ON AT THE TOON HALL TONIGHT!

CLICK!
CLICK!

THERE OUGHT TAE BE LOTS MAIR "CAGIN' " FOR THAE MODERN GROUPS!

LET ME BORROW IT . . .

. . . AN' I'LL PLAY IT AT THE BOOLIN' CLUB! MAYBE WE CAN BOOK THEM SOMETIME!

HUH! WE WERE GOIN' TAE PLAY THAT IN THE CAR ON THE WAY TAE THE TOON HALL!

HEE-HEE! THIS PUTS PAID TO THAT RUBBISH BEIN' PLAYED IN THE HOOSE!

SOON AFTER —

WHIT'S HAPPENED? ARE YE NO' PLAYIN' TONIGHT?

NAH! WE'VE BEEN DOUBLE-BOOKED — IT'S THE AUCHENSHOOGLE STRATHSPEY AN' REEL SOCIETY INSTEAD!

TOWN HALL

WELL, HOW ABOUT IF . . . WHISPER . . .

HEE-HEE! AYE, OKAY!

LATER —

THAT WAS BRAW AN' QUIE AT THE CLUB — NAE NOIS MODERN MUSI TAPE ONYPLAC AN' NON IN TH HOOS NO EITHER

BUT —

OCH! I SPOKE OWER SOON!

NAE MODERN MUSIC TAPES IN THE HOOSE — BUT THERE'S A WHOLE BAND INSTEAD!

WELL, THEY HAD TAE PLAY SOMEWHERE TONIGHT, PAW! WE THOCHT WE'D HAE THEM ALONG FOR A PARTY!

BOOGALUSA

KEN.H. HARRISON

The fire alarm goes "Beep! Beep! Beep!" —

— and Granpaw's gas is at a peep!

Paw's not pleased, he's filled with ire —

— at Granpaw's reunion dinner attire.

IT'S THE BLACK WATCH REUNION DINNER TONIGHT — A RICHT POSH DO!

TROUBLE IS, I CANNAE GET THIS BLINKIN' BOW-TIE ON! WHIT A FANKLE!

HEE-HEE! WHAT ARE YOU NEEDIN' A BOW-TIE FOR, GRANPAW...

... WHEN YOU'VE GOT BOW-LEGS A'READY!

CHEEKY WHIPPERSNAPPERS!

NEVER YOU MIND THEM, GRANPAW! I'LL DAE YER BOW-TIE FOR YE!

AH! A YOUNGSTER WI' SOME RESPECT FOR HER ELDERS, I'M GLAD TAE SEE!

BUT —

OOYAH! NO' SAE TIGHT, LASS — IT'S A BOW-TIE, NO' A LASSO!

ENOUGH O' THIS NONSENSE! I'VE GOT A MUCH BETTER IDEA!

I'LL USE THIS BLACK WATCH TARTAN NECKWEAR INSTEAD...

AT THE DINNER —

OH, THE SHAME!

... AN' IT'S BRAW FOR GETTIN' BITS O' COCK-A-LEEKIE SOUP OOT O' MY BEARD!

HA-HA! THAT'S WHAT WE LIKE TO SEE IN THE BLACK WATCH, BROON — A BIT OF INITIATIVE!

KEN.H. HARRISON.

THE BUT 'N' BEN . . .

IT'S TOO NICE A DAY TAE EAT INDOORS!

LET'S FEED THE SHEEPIES. THEY MUST HAVE WANDERED IN AFF THE HILLSIDE.

JINGS! LOOK WHO IT IS! OOR COUSIN, RICHARD BROON, FRAE COWDENBEATH!

QUICK! HIDE THE GUID CAKES! HE'LL EAT US OOT O' HOOSE AND HOME!

HE ONLY TURNS UP WHEN HE WANTS TAE TAP ME FOR CASH!

APH! LONG TIME NO SEE! T STILL NO' WORKIN', EH? D HEN! STILL CLEANIN' OOT DRAINPIPES?

HMPH!

CHEEK!

YE DINNA' MIND IF I JUST HELP MYSEL'?

MY GUID WHISKY! YE'VE GOT ENOUGH THERE TAE HAE A BATH IN!

EVENTUALLY . . .

AT LAST! A' THAT FOOD'S MADE HIM FALL ASLEEP!

WHIT'LL WE DAE? HE'LL BE HERE FOR HOURS YET!

DINNA' WORRY. WE'LL SOON LOSE HIM!

ME MAKE SURE HE ESNAE GO ANYWHERE IN A HURRY!

C'MON! LET'S GO FOR A WALK — A LANG ANE! ANYTHING TAE GET A BIT O' PEACE!

HEY! WAIT A MINUTE! I'LL BE RIGHT WI' YE — I NEED TAE TALK TAE YE ABOOT A LOAN!

WAAAHH!

LACES TIED TOGETHER!

SPLASH! BAAA! HOWL!!

NOW HE REALLY IS THE BLACK SHEEP O' THE FAMILY!

HEY, I CAN TAKE A HINT, YE KNOW!

KEN. H. HARRISON.

Paw ends up makin' an awfy hash —

— when he's reluctant to part wi' cash

Hen's no' likely to go far —
— in his latest motor car.

YOU'RE AWFY DOON, WHIT'S THE MATTER? YER MOTOR GIEIN' YE A BIT O' GYP?

COME AWAY, JONJO, AFORE IT COLLAPSES!

ACH! IT'S A NIGHTMARE. IT NEEDS ABOOT A DOZEN THINGS FIXED ON IT.

I'LL HAE TAE BITE THE BULLET AND GET A NEW CAR. WHIT'LL LASSIES SAY IF I TAKE THEM OOT IN THIS HEAP?

"HELP! I'LL TAK' THE BUS", I SHOULD THINK!

BIG DEREK'S MOTORS

I'M NO SURE WHIT TAE GET. THESE MODERN CARS HAVE GOT NAE STYLE.

WITH M.O.T £1,025

GOOD BET £3,000

£350

AH, QUIT MOANIN'! BIG DEREK WILL SEE YE RIGHT. AT LEAST GO FOR A NEWER MODEL O' YON SKIP WI' WHEELS.

AH! A CONNOISSEUR? TAKE YOUR PICK.

I FANCY THIS RAG-TOP. MINE'S A BIT RAGGED A' ROUND.

OFFICE

A WINNER

GOOD BODY

MMM! BRAW! THE SEATS AREN'T RIPPED, LIKE MINE. MIND YOU, MOST O' MY SEATS ARE MISSIN'!

YES, SIR, VERY ATTRACTIVE MOTOR, THIS ONE. 'COURSE, THIS IS THE SIX-GROMMET PLUM AND CUSTARD MODEL, WITH SINGLE-POINT CHOLESTEROL FILTER AND THREE SPEED SHIM BELT HAT-BOX ...

... AND A SNIP AT ...

JINGS! THAT'S WELL OOT O' MY RANGE! HAVE YE ANYTHING CHEAPER?

£995

WELL, THIS IS OUR MOST INEXPENSIVE TRADE-IN.

£250

BARGAIN RUNNER

I CAN AFFORD IT — BUT IT LOOKS AS ROUGH AS MY OWN CAR!

MUCH HAGGLING LATER ...

WELL, DID YE GET A NEW MODEL, THEN?

NICE ONE☆ £725

A CLASSIC £395

BEAT THIS £500

£300

HMPH! YE MIGHT SAY THAT!

THIS WAS JUST ABOOT A' MY SAVINGS WOULD STRETCH TAE!

HO-HO! I'M SURE THAT'LL IMPRESS THE WOMEN! IF THEY BRING THEIR BARBIE DOLLS ALONG, ANYWAY!

KEN.H. HARRISON.

Painting Easter eggs is fine —

— but somewhere, one must draw the lin[e]

They leave the house in an awfy hurry —

— but there's really nae need to fret or worry.

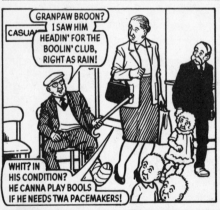

It looks like the perfect hiding place —

— but soon, oor Daphne loses face.

aw Broon wears an awfy frown —

— he wants to keep the phone bill down.

IS OUR FIRST ITEMISED PHONE BILL AND LOOK AT THE SIZE O' IT!

AYE, BUT AT LEAST WE'LL KNOW WHO MADE A' THE EXPENSIVE CALLS, WON'T WE, MAW?

WELL, DINNA' LOOK AT ME — I HARDLY USE IT.

IS THAT SO? YOUR BOYFRIEND'S NUMBER'S PLASTERED A' OWER THIS BILL — AND YE'VE BEEN CALLIN' HIS MOBILE PHONE SO IT COSTS US A PACKET!

AND THERE'S MAIR! I RECOGNISE THIS NUMBER, HEN, IT'S THE BOOKIE'S TIP LINE . . . AND THIS IS FOR AN HOUR TAE YOUR PAL, MORAG, DAPHNE . . . WHO LIVES IN KENT, I SEE!

AN' I NEVER WON A BEAN, EITHER!

ER . . .

HEY, NOT SO FAST! I RECOGNISE THAT NUMBER, IT'S THE SPECIALIST WHISKY SHOP IN THE HIGH STREET — TWENTY MINUTES!

HARRUMPH! NEVER MIND THAT! I'LL SORT THIS OOT PRONTO.

LATER . . .

THERE! I'VE CHANGED THE PHONE FOR A LOCKABLE ONE. NOW NONE O' YE CAN USE IT WITHOOT GETTING THE KEY FRAE ME!

ACH, PAW! WHIT A PAIN!

AYE! DEAD CONVENIENT!

U MAY MOCK NOW, JT YE'LL THANK ME THE LONG RUN . . .

MICHTY! A MAGPIE!

IT'S WHIPPED THE KEY — AND THAT'S THE ONLY ONE I'VE GOT!

THAT'LL DAE NICELY!

WHIT? IS THE BROONS' PHONE WORKING AGAIN?

ITE!

THANK YE IN THE LONG RUN, EH? YE'LL GET A LONG RUN ALL RIGHT, PAW BROON — WHEN I CHASE YE HOME!

HURRY UP, MAGGIE! YE'VE BEEN ON FOR AGES!

ME'S A' RIGHT! GRANPAW BOUGHT ME A PHONECARD FOR MY BIRTHDAY.

TELEPHONE

PHONECARD

KEN H. HARRISON.

Granpaw's having a lark —

— wi' the bairns in the par

Maw's unhappy, there's nae doubt —

— when she hears Hen's moving ou[t]

he bairns earn some cash —

— but it leads tae a stramash!

OCH! THAE CATERPILLARS'LL HAE MY CABBAGE-PATCH EATEN AWA' TAE NOTHING BEFORE LONG!

THEN —!

WHIT'S UP, GRANPAW?

CATERPILLARS — EATIN' A' MY CABBAGES!

LL COLLECT THEM FOR AT FIVE PENCE A ERPILLAR!

HM! OKAY! THERE'S NO' THAT MANY O' THE WEE BLIGHTERS!

AWAY IN AN' HAE A CUP O' TEA, GRANPAW — WE'LL SEE YE SHORTLY!

RIGHTO!

SOON AFTER —

KNOCK! KNOCK!

E'S EASILY MORE THAN A HUNDRED, GRANPAW — BUT WE'LL SETTLE A FIVER!

JINGS! YE'VE BEEN WORKING HARD! A FIVER . . . ER . . . I'LL JUST GET IT!

HAVE THE BAIRNS GOT SOME KIND O' NATURE PROJECT ON AT SCHOOL, BROON?

I DINNA KEN — WHY DO YE ASK?

IT'S JIST THAT THEY ASKED IF THEY COULD COLLECT THE CATERPILLARS AFF MY PATCH — AN' MISTER MILDEW'S, TWA DOORS DOON!

WHIT?

COME BACK HERE, YE WEE SWINDLERS!

JINGS! THE BAIRNS MUST'VE BEEN BUGGIN' GRANPAW SOMETHING AWFY!

KEN. H. HARRISON.

Maw leaves Paw withoot a name —

— when he hangs the picture frame.

Horace can't believe his eyes —

— Hen Broon's been cut down tae size!

The auld lads start tae wonder why —

— they ever yearned for days gone by!

The awfy snorin' fills their hame —

— but is there any BROON tae blame?

I'M AWFY GLAD YE CAN LOOK AFTER BARNEY WHILE I'M AWA'. HE'S REAL QUIET, DOESNA' BARK OR WHINE OR NOTHIN'. I HOPE IT'S NO' TOO MUCH O' A BOTHER.

NOT AT ALL, MRS DONALD. GLAD TAE HELP.

RICHT, YOU BAIRNS. AFF YE GO! IT'S WELL PAST YER BEDTIME.

SOON . . .

CLICK!

GOODNIGHT, A'BODY!

SNORE! SNUFFLE! GRUNT!

STOP THAT, PAW!

CLICK!

WHIT? WHASSAT?

YE KEN FINE! YE'RE SNORIN' LIKE A CHAINSAW. SLEEP ON YER SIDE OR YE'LL SLEEP IN THE BATH!

SNORE.

HEY! IT'S NO' ME — IT'S COMIN' FRAE THE BOYS' ROOM.

IT'LL BE HEN — I'LL LAY A PENNY TAE A POUND ON IT.

AYE! THAT AULD WIFE'S CURE O' SNIFFIN' VINEGAR AFORE BED OBVIOUSLY DOESNA' WORK!

GRUNT!

LOOKS LIKE I OWE YE A POUND!

IT'S NO' US — NONE O' US CAN GET TAE SLEEP FOR THAT SNORIN'!

IT'LL BE DAPHN BUT, ER, DINNA' HER I SAID THA

IT'S MURDER!

BUT . . .

HEY! WHEN WILL YOU LOT STOP SNORIN'? IT'S LIKE TRYIN' TAE SLEEP IN A SAWMILL!

HELP! IT'S NO' HER, EITHER!

LOOK! IT'S THE DUG!

HE DOESNA' WHINE OR BARK A' RICHT — BUT HE SNORES LIKE A MACHINE-GUN!

SNORE.

WELL, I'M NO' WAKIN' HIM UP — HE MIGHT HAE MY HAND AFF!

The girls are on a mission —

— tae win this competition.

The Broons think it just can't be beat —

— this super, wide-screen T.V. treat.

SEE THEY'RE SHOWING LOTS O' FILMS WIDESCREEN ON TELLY THESE DAYS, YE KNOW, LIKE IN THE CINEMA.

ACH! I'VE SEEN THAT. IT'S LIKE WATCHING THE THING THROUGH A LETTERBOX.

WELL, WHATEVER, BUT DOCTOR ZHIVAGO'S GETTIN' THE TREATMENT THE NIGHT.

I MIND O' THAT FILM FRAE THE PICTURES YEARS AGO! I WOULDNA' MIND SEEIN' THAT.

LATER . . .

A. FR

HOW ARE YE DOIN', SANDY? STILL WORKIN' IN THE HI-FI SHOP?

AYE! I'VE JUST GOT ONE O' THOSE NEW WIDESCREEN TELLIES HOME ON LOAN. I'VE GOT A SURROUND SOUND SYSTEM WITH IT — IT'S THE BEE'S KNEES AND THE WASP'S WAISTCOAT — JUST LIKE BEING IN THE CINEMA.

HERE, COULD I BRING THE FAMILY ROOND TAE HAE A DEMO O' IT SOMETIME?

AYE! NAE BOTHER. I'D BE DELIGHTED. BRING THEM OVER TONIGHT.

IT'S A' FIXED UP. WE'LL GO ROUND TAE SANDY'S TONIGHT, AND WATCH DOCTOR ZHIVAGO.

MY! THAT'LL BE BRAW. JUST LIKE THE CINEMA.

AYE! WHERE THE ADVERTS LAST LONGER THAN THE FILM!

GREAT! I'LL BRING MY BOYFRIEND BRIAN ALONG.

I'M FAIR LOOKIN' FORWARD TAE THIS. OOR OWN PRIVATE THEATRE!

AYE! IT'LL BE GREAT! AND THERE'S NAE CHEAP SEATS, EITHER!

COME AWAY IN! SIT YERSEL'S DOON. I'LL SWITCH ON THE TELLY WHEN YE'RE READY.

LIGHTS DOON, EH!

GUID PLAN, HEN! IT IS JUST LIKE THE CINEMA!

OOYAH! THAT'S MY POPCORN AWAY!

DOCTOR ZHIVAGO

IT'S LIKE THE STALLS . . . AT THE MARKET!

YUCK! MAW! PUT A BUCKET O' WATER OWER THEM!

WHEESHT! I CANNA' HEAR THE DIGITALLY REMASTERED SOUNDTRACK!

MOVE OVER, PAW! YE'RE HOGGIN' A' THE ROOM!

GIES IT!

THAT'LL BE CHOCOLATE!

KEN H. HARRISON.

'ho's this speedster on a bike —

— that Hen Broon really doesnae like?

Paw an' the lads, they groan an' grouse —

— because they're no' let in the hous

The family think he's jist a blether.

SHWEEESH!

Ye can bet Paw's gonnae be wishing —

— he'd been mair fly aboot fly-fishi[ng]

NEAR THE BUT AN' BEN —

MAN! IT'S A RARE DAY TAE BE OOT ON THE HILL! YE CAN SEE F'R MILES!

AYE! AN' WE'VE NEVER BEEN UP THIS BIT AFORE! BONNIE!

THIS WEE LOCHAN WID BE PERFECT FOR A SUMMER DOOK!

AN' THERE'S FISH IN IT, TAE!

THEY'LL LIKELY CANNY SPORT! Y[E] NEED A FLY R[OD] TAE LAND THE[M]

FLY FISHIN'? WE'VE NEVER TRIED THAT YET, PAW.

BLETHERS! I TAUGHT THE PAIR OF YE A' ABOOT FLY FISHIN' YEARS AGO! YE'VE OBVIOUSLY FORGOTTEN!

NO' TAE WORRY! I'LL SHOW YE AGAIN!

LATER —

RIGHT! ARE WE READY? GOT THE FISHING GEAR?

OCH, AYE! A' THING PACKED BUT THE KITCHEN SINK!

OOYAH! WHA'S PUT THOSE HOOKS IN THEIR BUNNET?

OH, HALF A MO'! I'VE JUST MINDED — I'VE LEFT MY REEL BACK AT THE HOOSE!

EEJIT! YE'LL HAE TAE GO BACK FOR IT!

I DINNA KEN!! YOU LADS HAE MEMORIES LIKE HENS! CAN YE NO' REMEMBER THINGS LIKE ME?

AT THE LOCHAN —

YE'RE NO' GONNA BELIEVE THIS — I'VE LEFT OOR PIECES ON THE KITCHEN TABLE!!

NOW WE NEED TAE CATCH A TROOT — OR STARVE!

WHAT A BUNCH! YE'D FORGET YER HEIDS IF THEY WERENA SCREWED ON! HONESTLY!

WHA'S THIS?

HI THERE, ALISTAIR! THESE ARE MY LADDIES — THE MAIST FORGETFUL SHOWER IN SCOTLAND! HEIDS FU' O' NONSENSE!

IS THAT A FACT? WEEL, THERE'S SOMETHING YOU'VE FORGOTTEN, BROON . . .

. . . YE'RE FISHIN' OOT O' SEASON! SO I'LL HANG ON TAE YER GEAR TILL NEXT YEAR!

HA! HA! SO MUCH FOR THE MEMORY MAN!!

SILLY AULD TROOT!

RIGHT ENOUGH! TH[E] TROUT SEASON'S OVER!

When it comes tae a sport like basketball —

— Hen Broon can afford tae stand tall.

I BET YE WISH YE HAD MUSCLES LIKE ME, HEN! I'VE AYE BEEN THE ATHLETIC LAD AROOND HERE!

HUH! I COULD BEAT YOU AT PLENTY O' SPORTS WHEN WE WERE AT SCHOOL . . .

. . . LIKE TIDDLYWINKS AN' MARBLES! MAYBE I COULD DO WI' A BIT O' BUILDIN' UP!

SHORTLY —

HERE GOES!

SPORTS CENTRE

E CHANGING ROOMS —

HEY! YOU'RE JUST WHO I NEED FOR MY GAME! MEET ME IN THE SPORTS HALL AS QUICK AS YOU CAN!

OH! ER . . . RIGHTO! I JIST HAVE TAE MAKE A QUICK PHONE CALL FIRST!

. . . AND BRING THAT BIGHEID, JOE, TAE — APPARENTLY, I'M JUST WHAT THE TRAINER NEEDS FOR THIS GAME!

JINGS! WE'LL BE RIGHT DOON, HEN!

SO —

HEN'S GOT YE LICKED THIS TIME, JOE — THE COACH SAID HE WAS PERFECT FOR THE GAME!

AYE, AYE — WE'LL SEE!

HA-HA! NAE WONDER HEN'S PERFECT FOR THIS GAME . . .

OCH! IT'S THE HEIGHT O' EMBARRASSMENT, SO IT IS!

WE BROKE OUR BASKETBALL BOARD — HEN'S JIST THE RICHT SIZE FOR IT!

WHAT A WALLY!

DOES THIS MAK' HEN A BASKET-CASE?

KEN. H. HARRISON.

The twins put their brothers in their places —

— with pictures as funny as Hen an' Joe's fac[e]

aw's landed in a tricky spot.

He's jist too late for the big jackpot.

Lucky auld Granpaw's come up a winner —

— but he'll regret takin' them oot tae dinner

Paw and Granpaw are ready for bools —

— but are they prepared tae look like fools?

Maw Broon is a real bright spark.

She'll see her family's no' left in the da...

HOW MANY BROONS DOES IT TAKE TAE CHANGE A LIGHTBULB?

JIST THE ONE — BUT I DINNAE THINK IT'S ME! I FEEL A BIT DIZZY...

OCH! YE KNOW YE'RE HOPELESS WI' HEIGHTS!

BUT NO — YOU HAVE TAE ACT THE BIG-SHOT D.I.Y EXPERT!

WHAT'S UP? HAS SOMEONE BEEN TAKIN' FLY NIPS FROM HIS SINGLE MALT BOTTLE?

NAW — WE'RE HAVIN' BOTHER WI' A BULB!

WAFT!

ASK ME ANYTHIN' YE LIKE ABOOT BULBS! DAFFIES, CROCUSES — ANYTHIN' YE LIKE!

NO' THOSE BULBS, GRANPAW!

GIE IT TAE ME — I'LL CHANGE IT IN TWO TICKS!

BUT —

EEK! A HUGE, HAIRY, CREEPY-CRAWLIE! KEEP IT AWA'!

HAH-HAH YE BIG FEARTY!

HERE — I'LL CHANGE IT!

HEY! WHAT'RE YE DAEIN', MAW?

I'M CHANGING THE LIGHTBULB...

...FOR SOMETHIN' THAT'S MUCH LESS BOTHER, AN' HALF THE PRICE!

CANDLES

AND —

JIST LIKE AULD TIMES, EH, MAW?

AYE, NAEBODY CAN HOLD A CANDLE TAE MY IDEAS, PAW!

I FEEL LIKE WEE WILLIE WINKIE!

JIST LIKE DOCTOR LIVINGSTONE, THIS!

KEN H HARRIS

Puir young Horace isnae keen —

— tae face Paw on a boolin' green

WELL FOLKS, WE'D BETTER SLOPE OFF . . . IT'S THE JIM MACKENZIE CUP MATCH TODAY AT THE BOOLIN'.

WAIT A MINUTE! *HORACE* IS GOIN' WI' YE?

SINCE WHEN DID HE START BOOLIN'?

WHEESHT YERSELS! IT'S A FINE GAME AN' A LOT O' YOUNG FOWK ARE TAKIN' IT UP THESE DAYS. I'M PROUD O' HIM.

I PULLED A FEW STRINGS TAE GET HIM A WILD CARD IN THE CUP.

AT THE BOWLING CLUB —

THIS IS MY GRANDSON, HORACE. HE'S A REAL BEGINNER, BUT DEAD KEEN.

THINK YE'LL WI[N] THE CUP AGAIN, BR[OON] THAT'D BE SEV[EN] YEARS IN A RO[W]

WELL, I LIKE TAE BE MODES[T] BUT . . . AYE . . . DOUBT THERE'S M[UCH] THAT'LL STOP M[E]

THE DRAW FOR THE CUP TAKES PLACE.

MY! YOUNG HORACE AND BROON THE CHAMPION — DRAWN TOGETHER.

NOTICES

HO-HO! THAT'LL BE GRAND EXPERIENCE FOR YE, LAD. THERE'S NAE DISGRACE IN GETTIN' GUBBED BY YER OWN FATHER.

WHIT A GASBAG!

LATER —

AYE, YE'VE DONE AWFY WELL TAE HAUD ME THIS FAR, BUT YE SEE, A' MY EXPERIENCE IS STARTIN' TAE TELL.

AYE, THAT'S RIGHT . . . HORACE WOULD NEED A WONDER SHOT TAE WIN NOW . . .

IS THAT SO . . . OOPS!

TRIP!

WHIT?!

. . . OR A FLUKE! HORACE HAS DONE IT!

SLAM!

GUBBED BY YER OWN SON! WHIT A HOOT! AND HIM A BEGINNER, TAE!

AND THAT'S THE FIRST TIME YE'VE BEEN KNOCKED OOT O' A CUP SO EARLY SINCE 1965!

AHEM! WELL DONE, LADDIE . . .

THE SHAME! I'LL NEVER LIVE IT DOON!

HO-HO! YE'RE NO' SO PROUD O' HORACE NOW, ARE YE? SERVES YE RIGHT FOR BEING A BLAWBAG!

CAN WE HAVE YER AUTOGRAPH, YOUNG BROON? THIS IS A FAMOUS CUP UPSET, YE KEN.

DUNT!

KEN H. HARRI[SON]

en has ta'en a sudden likin' —

— tae try a spot o' motor-bikin'.

ZOOM!

T'S THE MATTER WI' HEN?

HE'S WRITTEN HIS MOTOR AFF . . . DROVE IT INTO A SHOPPIN' TROLLEY.

ACH! I CANNA' AFFORD TAE BUY ANOTHER CAR!

NEVER MIND, LADDIE. GET YERSEL' A MOTORBIKE. CHEAP AND EASY TO RUN . . . NIPPY, TAE.

BUT I DINNA' HAE A MOTORBIKE LICENCE.

NAE PROBLEM! AN AULD NAVY PAL O' MINE, ANDY PRICE, HE'S AN INSTRUCTOR. HE'LL GET YE TRAINED UP.

THANKS FOR COMING ROUND, ANDY.

NO BOTHER, HEN. NOW WE'LL JUST TAKE IT EASY TO START WITH. YOU'LL BE OKAY.

MY! YER PAL'S GOT SPARE BIKES AND A'THING.

THAT'S GOOD, HEN. NOW WE'LL GO RIGHT AT THE JUNCTION. MAKE A HAND SIGNAL.

HERE! THIS IS A DODDLE! TROUBLE IS, I AYE GET LEFT AND RIGHT MIXED UP . . .

UURGH!

CHOP!

AW, NO! WRONG ONE!

GULP!

MY BIKE!

SPLASH!

LATER . . .

STRANGE! HEN'S GIEIN' ANDY A LIFT BACK.

SHOWIN' AFF ALREADY, EH? THAT'S MY BOY — HEN'S OBVIOUSLY A NATURAL.

WELL! HOW DID HEN GET ON? A NIALL MACKENZIE IN THE MAKING, IS HE?

NNY! HEN'S 'TAKIN' HIS LMET AFF.

I CAN SAFELY SAY THAT HE'S SOLVED HIS TRANSPORT PROBLEM . . .

. . . HE'LL BE WALKING FROM NOW ON — UNTIL HE'S PAID FOR THE REPAIRS TO MY BIKE!

HO-HO! YE'RE A ONE-MAN DISASTER AREA, LAD!

SO THAT'S WHY HE KEPT HIS HELMET ON — TAE HIDE HIS BLUSHES!

I.H. RRISON.

There's only wan way, Paw supposes —

— tae fix his problem wi' the rose

AT THE BUT AN' BEN ...

ACH! OOR ROSE GARDEN'S NO' COMIN' ON VERY WELL THIS YEAR.

AYE! THEY'RE AWFY PEELY-WALLY-LOOKING.

LEAVE IT TAE ME. WHIT OOR FLOWERS NEED IS SOME GUID, AULD-FASHIONED MANURE. I'LL GET SOME FROM THE FARMER'S BYRE.

BETTER YOU THAN ME!

IN THE BYRE —

MAN! WHIT A PONG! SMELLS LIKE YON TAR ROPE GRANPAW U TAE SMOKE!

AFTER A QUICK WORD WI' THE FARMER ...

THIS IS A BETTER IDEA! INSTEAD O' DIGGIN' UP THE MANURE, I'LL JUST SHOO THE COOS OWER TAE MY ROSE PATCH!

BUT

WHIT ARE YE DAEIN', YE DAFT BEASTIES! I DINNA WANT YE TAE *EAT* THE FLOWERS!

CRIVVENS! THEY'VE HOOVERED UP A' MAW'S ROSES! I'M SNOOKERED NOW! NO' A SINGLE FLOWER LEFT ON ANY O' THEM!

YOU AND YER DAFT IDEAS, BROON! I'VE JUST GOT TAE HOPE IT'S STILL OPEN ...

SOON

YE WANT ME TAE PLANT THESE BOUQUETS O' ROSES IN THE GROUND? HAVE YE BEEN OOT IN THE SUN TOO LONG?

GARDEN CENTRE

IT'S THE COUNTRY AIR! IT GIES ME AN APPETITE FOR DAFT IDEAS — NOW HURRY UP!

JUST IN TIME!

JINGS! YE MUST HAVE GREEN FINGERS, PAW. WHIT A DISPLAY!

AYE, IT'S, AHEM ... A *BLOOMING* MIRACLE!

GARDEN CENTRE

AND I MANAGED TAE COME UP SMELLIN' O' ROSES AGAIN!

KEN H
HARRI

...n is feelin' far from happy —

— when Paw decides to mak' it 'snappy'!

e girls have nae time for messin' —

— when it comes tae quick hairdressin'!

KEN.H. HARRISON.

Of a' the Broons, it's Maw who knows —

— why Hen's heid's so distant fae his to

— Granpaw makes himself at home!

KEN. H.
HARRISON.

Granpaw's going tae have tae shift —

— if he's tae save his birthday gi

aggie's no' best pleased wi' Joe —

— *when he screens his wildlife show.*

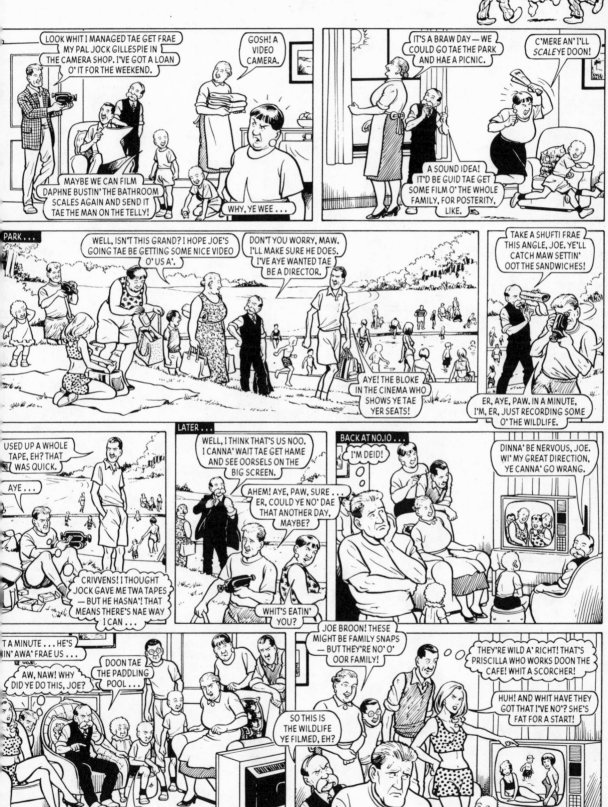

ooking for a quiet break?

Then avoid Number Ten, for ony sake.

What kind of pet —

— should the family get?

THAT'S A BONNY DOG MRS GRIMSHAW GOT!

MAYBE WE SHOULD GET A PET FOR THE HOOSE!

GUID IDEA! I'D LIKE A PERSIAN CAT. THEY'RE AWFY BONNY, AN' BRAW FUN, PLAYIN' WITH BALLS O' WOOL AN' A'THING!

WELL, YOU'D BETTER LEARN HOW TAE USE THIS — I'M NO' VACUUMING UP A' ITS CAST HAIRS!

OH! ER . . . MAYBE A CAT'S NO' SUCH A GREAT IDEA, THEN!

GET A PUPPY — THEY'RE A HOOT WHEN THEY CHASE THEIR TAILS!

SUDDENLY —

OCH, WHAT'S THE MATTER, BAIRN?

WHAAAAA!

DOES THIS A' MEAN YOU'LL BE GETTIN' RID O' ME? I THOCHT I WAS YOUR WEE PET, PAW — YOU ALWAYS SAY SO!

ACH, RIGHT ENOUGH — WHA NEEDS MAIR PETS WHEN WE'VE GOT A WEE LAMB?

CUTE OR WHAT?

AW!!!

aw's idea o' a peaceful day oot —

— turns oot tae be a real washoot.

The family hae a big to-do —

— when Daphne says she wants a tattoo

YAWN! TIME TO GET UP AN' GET MOVIN' AGAIN!

YIKES! THE CREATURES FAE THE BLACK LAGOON — IN OOR BATHROOM!

IT'S JUST US AN' OUR MUDPACKS, PAW.

JINGS! IT'S NO' HALF WORKED ON YOU, DAPHNE. WHAT A BONNY LASS YE ARE NOO!

OH! ER... SORRY, DAPH!

THAT'S 'COS I'M OWER HERE! SHE'S JEANNIE WALLACE, MAGGIE'S PAL!

MAYBE THIS'LL TAK' OOT A FEW O' MY WRINKLES — I'LL BE A NEW MAN!

MUD PACK

THEN —

EEK! WHASSAT?

EH?

HELP! POLIS! BURGLAR IN DISGUISE!

BUT... BUT...

OUT IN THE STREET —

YOU'RE NABBED!

THAT'S HIM!

BUT, OFFICER — IT'S ME, PAW BROON! I C'N EXPLAIN!

LATER —

HUH! IT'S NO' JUST MY FACE THAT'S MUD NOO.

MY NAME'S MUD, TAE!

FINED FIFTY POUNDS FOR WASTING POLICE TIME!

HEE-HEE! WHA'S BEEN DIGGIN' THE DIRT ON PAW?

IT'S NO' FUNNY!

KEN.H. HARRISON.

ranpaw Broon, that silly auld goat —

— goin' tae work on a fishing boat?

Maggie's nearly driven to tears —

— when the men assail her ears.

KEN.H. HARRISON.

Paw disnae care —

— for a day at the fair.

...en tries tae impress wi' his big talk —

— but his date is in for a bit o' a shock.

THIS IS A RARE NEW NIGHTCLUB YE'VE FOUND, MAGGIE. DEAD POSH, MIND.

AYE, THERE'S SOME NO' BAD-LOOKIN' LADS IN HERE, TAE.

LOOK, THERE'S ANNE, THE LASSIE THAT'S THE TEMP IN MY OFFICE.

AND LOOK WHO'S WI' HER! HEN!

...SO I TEST RACING CARS. IT'S A RELIEF TO COME HERE AND GET A REST FROM BEING BEHIND THE WHEEL OF A FAST CAR.

CAREFUL! DINNA GET TOO CLOSE! HE'LL SPOT US...

SOUNDS BRILLIANT!

WHERE'D HE GET A DINNER SUIT? HE MUST HAE BEATEN SOME GUY UP IN THE TOILETS...

OH, YES...A LOT OF EXPENSIVE CARS PASS THROUGH MY HANDS.

DINNA' SAY ANYTHING! COME ON!

AMAZING!

NEXT DAY, AT DAPHNE'S WORK —

I HAD A REAL DISHY DATE LAST NIGHT...A RACING DRIVER.

I KNOW! I SAW YE. THAT'S MY BROTHER, HEN.

...AT A COINCIDENCE! OW DO YOU COPE WITH AVING SUCH A FAMOUS BROTHER?

OH...ER, WE'RE USED TAE IT.

I'LL GET HIM FOR THIS!

TELL YE WHIT, IT'S OOR LUNCH-HOUR. COME WI' ME, I'LL TAK' YE ALONG TAE WHERE HE WORKS.

REALLY? THAT'D BE GREAT TO SEE HIM IN ACTION.

SERVICES   GARAGE SALEROOM

HERE WE ARE. LET'S AWA' IN AND SEE HIM.

OH, SHOULD WE? I WOULDN'T WANT TO BOTHER HIM. HE DID SAY IT WAS A HIGH-PRESSURE JOB...

T'S THAT, ALL RIGHT...

BUT...IT'S A CAR WASH!

THE ONLY TIME HEN GETS BEHIND THE WHEEL O' A FAST CAR IS WHEN HE'S CLEANIN' THE WHEEL ARCHES!

AW, NAW! RUMBLED!

CAR WASH

KEN.H. HARRISON.

A musical scheme doesnae go as planned.

Is this band aboot tae be banned

They're keen tae read the Sunday Post —

— but Maw Broon wants it more than most.

Paw Broon's piece-box operation —

— leads to the doctor's consternation.

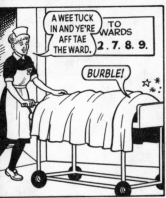

KEN.H. HARRISON.

Hen Broon's takin' a hairy fit —

— he cannae get ower the cheek o' it

THE POLIS ARE AT THE BROONS' DOOR — TROUBLE, NAE DOUBT!

...IMMACULATE... ONE CAREFUL OWNER...

OCH, THERE'S NOTHIN' WORSE THAN HAVIN' YER CAR PINCHED — IT WAS MY PRIDE AND JOY!

PUIR HEN!

LET'S A' HAE A LOOK FOR YOUR CAR, HEN — THEN WE'RE NO' SITTIN' AROOND, FEELIN' USELESS!

OKAY! I JIST HOPE IT'S NO' DAMAGED!

OUT IN THE STREET —

HERE, MA BONNY WEE BEAUTY O' A BELTER!

WHIT ARE YE SHOUTIN' THAT FOR, BAIRN?

WELL, THAT'S WHAT HEN CALLS HIS CAR — I WAS TRYIN' TO CALL IT BACK!

HEN!

OCH, I DIDNA KEN SHE'D HEARD ME CALL IT THAT!

SOON AFTER —

SPREAD OOT — WE'LL COVER MAIR GROUND THAT WAY!

GUID IDEA!

THEN —

HEN — IT'S HERE, IN THE PARK!

THANK GOODNESS — MY BRAW, WEE CAR DOESNAE SEEM TO BE DAMAGED!

WHAT'S THIS, HEN?

OCH, LOOK AT THIS! 'DEAR SIR, WE ARE SORRY FOR TAKING YOUR CAR...

BLUSH!

£20

...PLEASE ACCEPT THIS TWENTY POUNDS TOWARDS ITS M.O.T. — IT'LL NEVER PASS OTHERWISE!' THE CHEEKY SCUNNERS!

HEE-HEE! IT MAY... ONLY HAD ONE CAREFU... OWNER, HEN — B... THE FIFTEEN OTHE... WERENAE S... CAREFU...

KEN
HAR

hey think auld Granpaw's jist a menace —

— when they hear he's playing tennis!

Paw Broon likes to watch the game —

— at the ground, no' stuck at hame

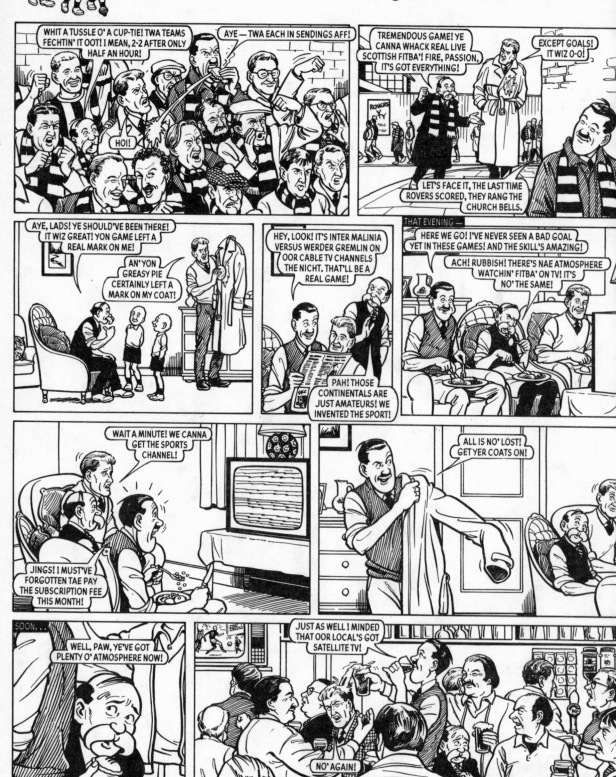

The lads think that it's no' much fun —

— but Maggie makes sure they get the job done.

MAW, THAT'S US READY TAE THE O.A.P.S' TOMBOLA. GIE'S GOT HER HIRED VIDEO RA.

RIGHT! YOU MEN, GET ON WI' STRIPPIN' THE WALLS FOR DECORATIN'!

WHIT A SLAVE-DRIVER!

ACH!

WELL, WE'D BETTER GET ON WI' IT, I SUPPOSE . . .

I'LL JUST CHECK THE TEST MATCH SCORE AFORE WE START . . .

SEVERAL HOURS LATER . . .

I WONDER IF THE LADS HAVE FINISHED?

WHIT? NO' EVEN E WALL FINISHED?

IT'S A BIG JOB, MAW! THIRSTY WORK!

WE'VE BEEN AT IT SOLID! WE'LL HAE TAE TAKE A REST!

SOON —

WE'LL LEAVE YE TO IT AND AWA' TAE SEE MAGGIE'S PAL'S NEW BAIRN.

AYE! WE'LL GET CRACKIN' RIGHT AWAY!

LATER . . .

HOW'S IT GOING?

OH, ER . . . SLOWLY!

IS THAT SO?

AYE! WE WERE WORKIN' SO HARD WE, AHEM, ALMOST DIDNA' HEAR YE COMIN' IN . . .

RIGHT! DOWN OOLS! YE CAN HAE A BREAK N' WATCH THIS TAPE!

WHIT IS IT? A MOVIE?

NAW, MAIR O' A DOCUMENTARY!

IT'S US . . . ER, WATCHING TELLY . . .

IT MUST BE SOME KIND O' OPTICAL ILLUSION!

OH, IT'S OPTICAL, A' RIGHT. I LEFT THE VIDEO CAMERA SWITCHED ON, ON THE SIDEBOARD WHEN WE WENT OOT!

ACH . . .

GULP!

ER, OH DEAR . . . WELL, I CAN EXPLAIN . . .

SO YE WERE WORKING — WORKING A FLANKER!

LET'S FACE IT, PAW . . . NO, WE CANNA'!

NOW WE'LL WATCH A REAL MOVIE WHILE YOU GET A MOVE-ON — NOW!

KEN H. HARRISON.

It's Halloween, when the ghosties creep —

— but a' the bairns want is a nice, big nee[p]

I'M NEEDIN' A FEW BOB FOR MAW'S BIRTHDAY! I'LL NEED TAE RAISE SOME QUICK CASH . . .

I'VE SOMETHING STASHED AWA' UP HERE F'R A RAINY DAY! IT SHOULD BE WORTH A BOB OR TWA BY NOW!

A BOTTLE O' WHISKY I BOCHT WHEN HEN WAS BORN. WELL, THE RAINY DAY'S HERE NOW!

FINEST MALTS

ROBERTSONS

LET'S SEE HOW MUCH MR ROBERTSON WILL GIE ME FOR IT!

WHAT DAE YE THINK IT'S WORTH? IT'S AULDER THAN ME, Y'KEN!

IT CERTAINLY IS — IT'S WORTH MAIR THAN YOU, MISTER BROON!

FOUR HUNDRED POUNDS? YOU SAID FOUR HUNDRED? YE'RE JOKIN', SURELY?

NO, I'M DEADLY SERIOUS!

, BUT WAIT — IT LOOKS LIKE OMEBODY'S OPENED THE BOTTLE . . . LET'S HAE A WEE SNIFF AT THIS . . .

SNIFF!

GRANPAW BROON . . . A WORD WI' YOU! YOUR BOOLIN' CLUB TIE WAS BESIDE MY WHISKY IN THE LOFT! I HAE MY SUSPICIONS THAT . . .

AYE! AYE! KEEP YER HAIR ON! ME AN' ALLY BIRSE FOUND IT YEARS AGO — IT'S FILLED WI' CAULD TEA NOO! .

WHIT'S WRONG WI' YER FAITHER? HE'S AWFY WHITE-LOOKIN'! KEEPS MUTTERIN' ABOOT CAULD TEA!

HE'S IN SHOCK! GIE HIM A WEE DRAM! THAT'LL BRING HIS COLOUR BACK!

DINNA DAE THAT! I MENTIONED WHISKY A MINUTE AGO AN' HE NEAR WENT PURPLE!

FOUR HUNDRED POUNDS!

KEN.H. HARRISON.

Whit a palaver! Sic a caper —

— when it comes tae hangin' paper.

WHIT'S WRONG, BAIRN?

ME NO' LIKE THE WALLS — ME WANTS TO RE-DECORATE!

SO —

THAT STUFF! THAT'S BRAW!

BACK HOME —

HERE GOES. LET THE EXPERT DAE IT!

CRACK!

OOYAH!

OCH! SOME EXPERT! QUICK — GIE 'IM A HAND!

TAK' THE BIG GOWK TAE THE DOCTOR'S — JOE, LEAN DOON A BIT MORE!

SIGH! A' RICHT!

BIDE STILL, WILL YE???

PECH! LOSE A COUPLE O' STONE, WILL YE?

EASY!

OI!

WHAT D'YE THINK O' THIS AS A DRESS DESIGN, MAGGIE?

NO' MUCH!

SOON AFTER —

THERE! D'YE LIKE IT, BAIRN?

AYE, IT'S OKAY, I SUPPOSE . . .

. . . BUT YE'VE GONE TO A LOT O' BOTHER . . .

. . . TO GET ME PAPER FOR MY DOLLY'S HOUSE! THAT WAS ALL I WANTED!

HEE-HEE! YOU'VE TAKEN A PASTIN' FAE THE BAIRN AGAIN, PAW!

Paw's startin' tae question —

— the fast-food suggestion.

KEN.H. HARRISON.

Maggie and Daphne would like a while —

— lazin' aboot on a tropical isle!

Maw Broon's really very pleased —

— when her crockery problem's eased

en's got a date, he wants tae look nice —

— so he asks the fashion experts' advice.

A bonny lassie has come tae visit —

— ane o' the men . . . but which ane is . . .

JANE McINTOSH! I HAVENAE SEEN YOU SINCE HIGH SCHOOL!

TRUE! AN' I'M COMIN' TAE SEE ONE O' YOUR RELATIVES, DAPHNE!

THIS IS JANE — SHE TELT ME SHE WAS HERE TAE SEE ONE O' YOU MEN!

WOW!

IT MUST BE ME — YE'LL HAVE HEARD ALL ABOOT MY MUSCLES, JANE!

HOI!

NOT AT ALL, JOE! JANE MUST HAVE HEARD WHAT AN URBANE AND NATTY CHARMER I AM — IS THAT NO' RICHT, LASS?

THEN —

BUT —

WE DOOBT IT — NO' MANY URBANE AN' NATTY FELLAS WEAR ODD SOCKS!

JANE'S OBVIOUSLY HERE TAE SEE OOR LOVELY SMILES, EH, JANE?

OCH, Y...
A
CU...
T...

THEN —

SLAM!

HIYA, FOLKS! I CANNA STOP — I'M IN A HURRY!

AH! MISTER BROON!

DID YE LEAVE THESE IN MY SHOE-SHOP AT LUNCH-TIME, MISTER BROON?

AYE — I WAS JUST COMIN' TAE COLLECT THEM!

WE'LL TRY ONE ON FOR SIZE — JIST TO MAKE SURE THEY FIT AGAIN!

BRAW, LASS — BRAW!

HEH! PAW'S THE SOLE MAN IN THIS FAMILY JANE WANTED TAE SEE!

PEPPERY? CUP O' TEA?

DON'T MIND IF I DO!

HUH! WHA DOES HE THINK HE IS — CINDERELLA?

I CANNAE BELIEVE IT — I JIST CANNAE!

KEN H. HARR...

Granpaw's request for a Christmas gift —

— seems tae be causing an awfy rift!

[WH]AT WOULD YE LIKE FOR [CHR]ISTMAS, GRANPAW?

I WOULDNAE MIND ANITHER PIPE FOR MY COLLECTION — THERE'S LOTS O' DIFFERENT KINDS, YE KEN — BLAH . . . DRONE . . . BLAH . . .

TRY THIS PIPE, GRANPAW — IT'S BRAW!

HOW MUCH HAVE YE GOT? I'VE GOT TWENTY PENCE!

I'VE GOT FIFTY! HOW MUCH ARE PIPES, ANYWAY?

HA-HA!

TOBACCONIST

JINGS! THEY'RE AWFY DEAR! WHIT NOO?

OPEN

SOON AFTER —

IF GRANPAW WANTS A PIPE FOR CHRISTMAS, THAT'S WHAT HE'LL GET!

AN' IT'LL NO' COST US A PENNY!

KNOCK-KNOCK!

WHA'S THAT?

THANK HEAVENS YE'RE IN! WE COULDNAE TAKE IT ANY LONGER!

IMAGINE TELLIN' THE TWINS THAT WAS WHIT YE WANTED FOR CHRISTMAS!

WHIT'S WRANG WI' TELLIN' THE TWINS I WANTED A PIPE FOR CHRISTMAS, I WONDER?

AT NO. 10, GLEBE STREET —

DID YE HAVE TAE TELL THEM WHERE YER AULD BAGPIPES WERE, JOE?

ME NEXT! ME NEXT! GRANPAW'LL LOVE A BRAW TUNE ON THESE PIPES FOR CHRISTMAS!

KEN·H· HARRISON.

Cookin', bakin', washin' up too —

— it's ower much work for you-know-wh

There micht no' be turkey for Christmas dinner —

— but Paw Broon thinks he's onto a winner!

At Number Ten on Hogmanay —

— it's music an' dancin' all the wa